5 4 3 2 1   16 15 14 13 12
ISBN 978-3-649-61179-0
© 2012 der deutschen Ausgabe:
Coppenrath Verlag GmbH & Co. KG,
Hafenweg 30, 48155 Münster, Germany
CH: Baumgartner AG, Centralweg 16, 8910 Affoltern
Alle Rechte vorbehalten
© 2011 der Originalausgabe:
Buster Books, an imprint of Michael O'Mara Books Limited,
9 Lion Yard, Tremadoc Road, London SW4 7NQ, Great Britain

Illustrationen: Nellie Ryan
Herausgeberin: Elizabeth Scoggins
Grafische Gestaltung: Barbara Ward
Umschlaggestaltung der deutschen Ausgabe: Coppenrath Verlag GmbH & Co. KG, Münster
Deutscher Text: Britta Kudla
Vorwort: Siggi Spiegelburg

Published by arrangement with Michael O'Mara Books Limited.
Veröffentlicht mit Genehmigung von Michael O'Mara Books Limited.

Printed in Germany

www.coppenrath.de

Traumberuf Modedesignerin

Schon als junges Mädchen habe ich davon geträumt, mich später beruflich mit Kleidern, Stoffen, Schuhen und Accessoires zu beschäftigen. Doch einfach nur Kleider zu verkaufen, war mir nicht genug – ich wollte selbst Mode entwerfen. Heute arbeite ich als Modedesignerin und habe mein eigenes Atelier.

Der erste Schritt beim Entwerfen deiner Kreationen ist es, deine Ideen aufzuzeichnen. Egal ob es um Schnitte, Stoffmuster oder Farbkombinationen geht – auf dem Papier nimmt dein Entwurf Gestalt an.

Du findest in diesem wunderschönen Malbuch jede Menge Anregungen für deine Entwürfe von Kleidern, Röcken, Mänteln, Taschen, Schmuck und Schuhen. Sie warten nur darauf, von dir gestaltet, verziert und bunt angemalt zu werden.

Lass deiner Kreativität freien Lauf und überlege dir deine eigene Mode – farbenfroh, verspielt, ausgefallen!

Herzlichst Siggi Spiegelburg

Besuch beim Mode-Magazin

Die Mode-Redaktion

Mode-Fotografin

Stylistin

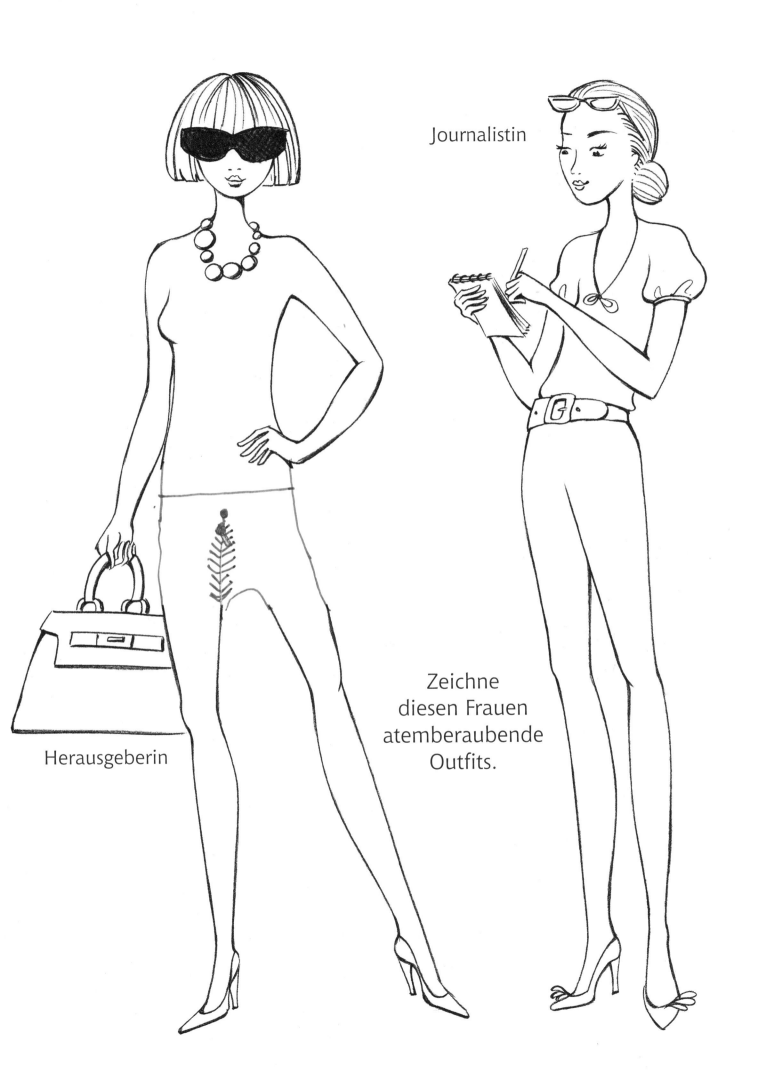

Ein Kleiderschrank zum Ausflippen!

Bestücke die Bügel und Regale mit allen Outfits, die du dir vorstellen kannst.

Die Kosmetikerin bei der Arbeit

Vervollständige das Make-up des Models.

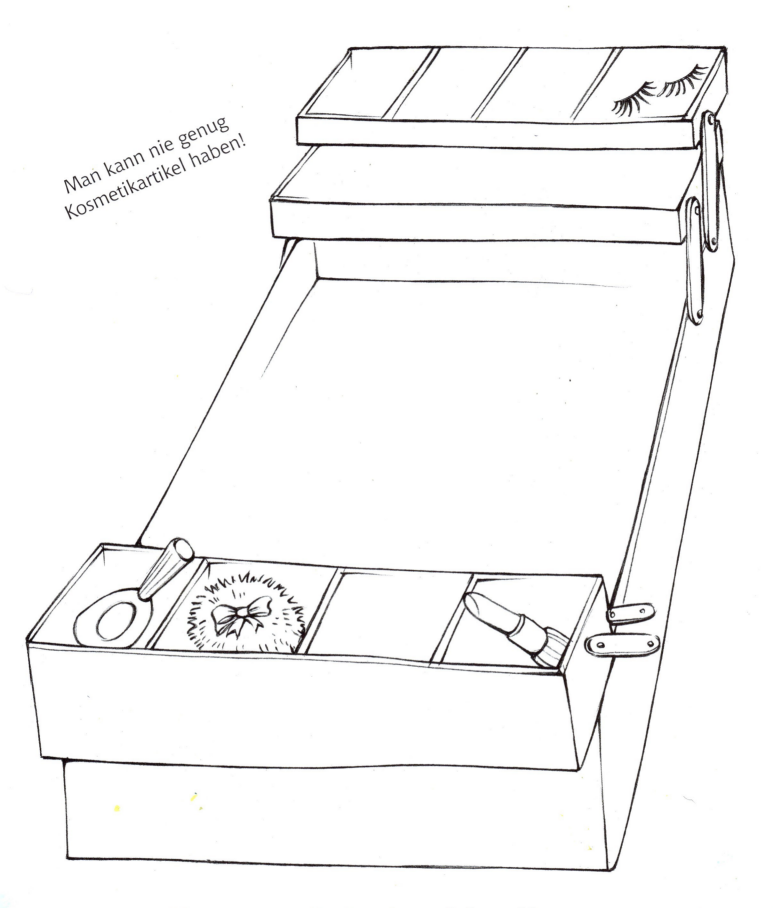

Man kann nie genug Kosmetikartikel haben!

Fülle den Schminkkoffer!

Models für das Mode-Magazin gesucht!

Was tragen die Mädchen zum Casting?

Viele schöne Mädchen ...

Welches
Model
würdest du
für die
Titelseite
auswählen?

Zeichne ihnen Outfits für das Fotoshooting.

Das Mädchen für die Titelseite

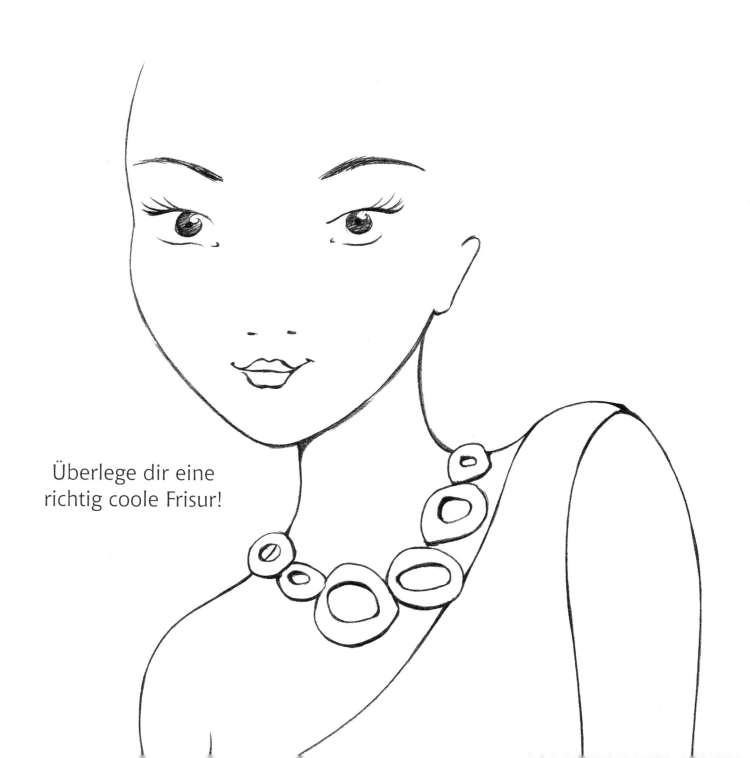

Überlege dir eine richtig coole Frisur!

Die Frühlingsmode

Verwandle die Schaufenster in das Shoppingparadies von Paris!

Fette Beute!

Verziere die Taschen und Schachteln deiner Lieblingsgeschäfte.

Shoppen mit Stil

Ziehe diese Damen an, damit sie einkaufen können bis zum Umfallen!

Zum Verlieben

Gib diesem Pärchen das passende Outfit für einen romantischen Abend.

Er liebt mich, er liebt mich nicht ...

Zeichne ein Meer von Blumen in zarten Pastelltönen und lass sie in Frühlingsgefühlen schwelgen.

Eine himmlische Blumenwiese

Diesen Kleidern fehlen noch ein paar hübsche Blumenranken.

EIN ECHTER HINGUCKER:

Flirt mit dem Frühling

Gib diesen modischen Kleidern noch den letzten Schliff – die Mädchen wollen tanzen gehen!

EIN ECHTER HINGUCKER:
Ziemlich wild!

Verpasse diesen Einteilern einen auffälligen Ethno-Look.

Denk dir ein eigenes wildes Muster aus und male es ins Kästchen. Verziere dann damit ein komplettes Outfit.

Verziere diese Stoffproben mit frischen Designs für das Frühjahr.

Perfekt angezogen durch den Tag ...

Verwandle diese Outfits im Nu in eine schicke Abendgarderobe.

Accessoires sind das A und O!

... und auch am Abend umwerfend gestylt!

Der Mix macht's!

Gestalte diese Schmuckstücke so, dass sie gut zusammenpassen.

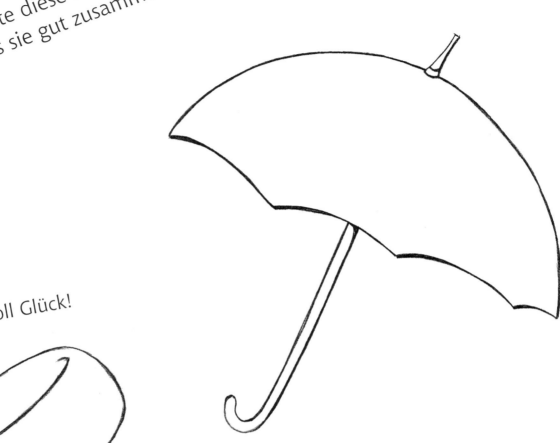

Ein Armreif voll Glück!

Funkelsteine und Federn für einen hübschen Haarreif!

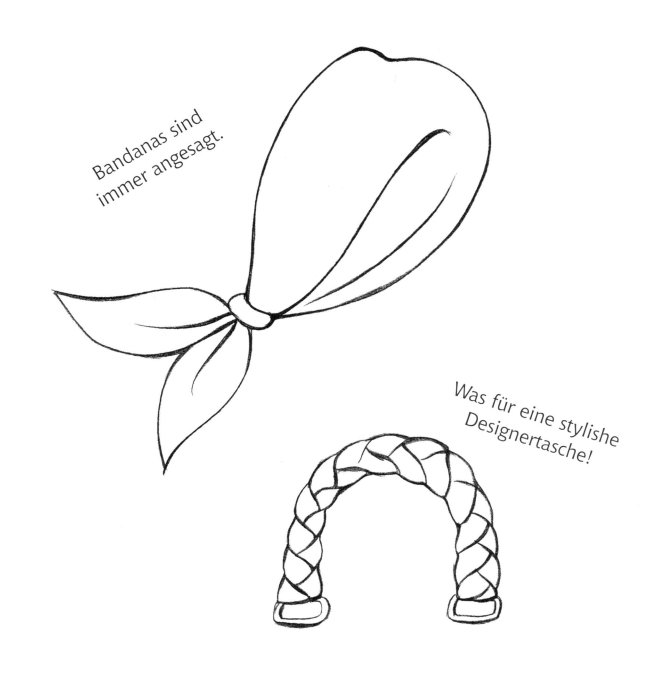

Bandanas sind immer angesagt.

Was für eine stylishe Designertasche!

Die Modenschau fällt nicht ins Wasser ...

Verschönere die Gummistiefel und Regenmäntel mit fröhlichen Mustern.

Diese Handtasche muss frau haben!

Denk dir eine trendige Tasche für warme Frühlingsabende aus.

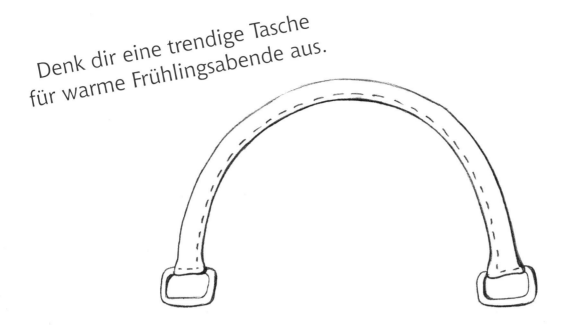

Die Sommermode

EIN ECHTER HINGUCKER:

Leinen los!

Diesen Entwürfen fehlen große Kragen, Streifen sowie Anker- und Seilsymbole aus der Seefahrt. Maritime Mode ist immer in!

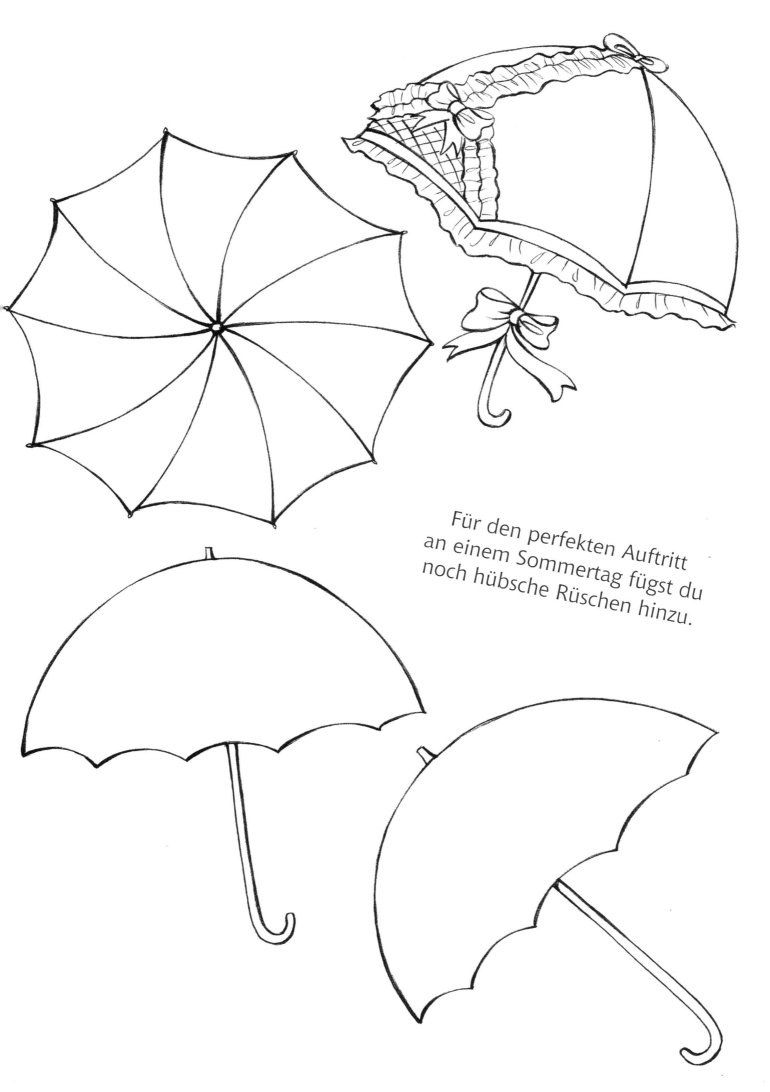

Für den perfekten Auftritt an einem Sommertag fügst du noch hübsche Rüschen hinzu.

Entspannt am Strand

Zeichne ein modernes Muster auf die Badeanzüge und Bikinis.

Verschönere auch ihre Strandtücher.

Auf die Surfbretter, Mädels!

Reite auf der Welle der Inspiration, um geniale Surfbretter und tolle Neoprenanzüge zu designen.

Aufgerüscht!

Für die Volantmode dieser Saison malst du noch Rüschen, Schleifen, Falten und Bänder dazu.

Ein Sommerfest …

... mit atemberaubender Abendgarderobe!

Zeichne diese glamourösen Abendkleider fertig, damit die Damen die ganze Nacht durchtanzen können.

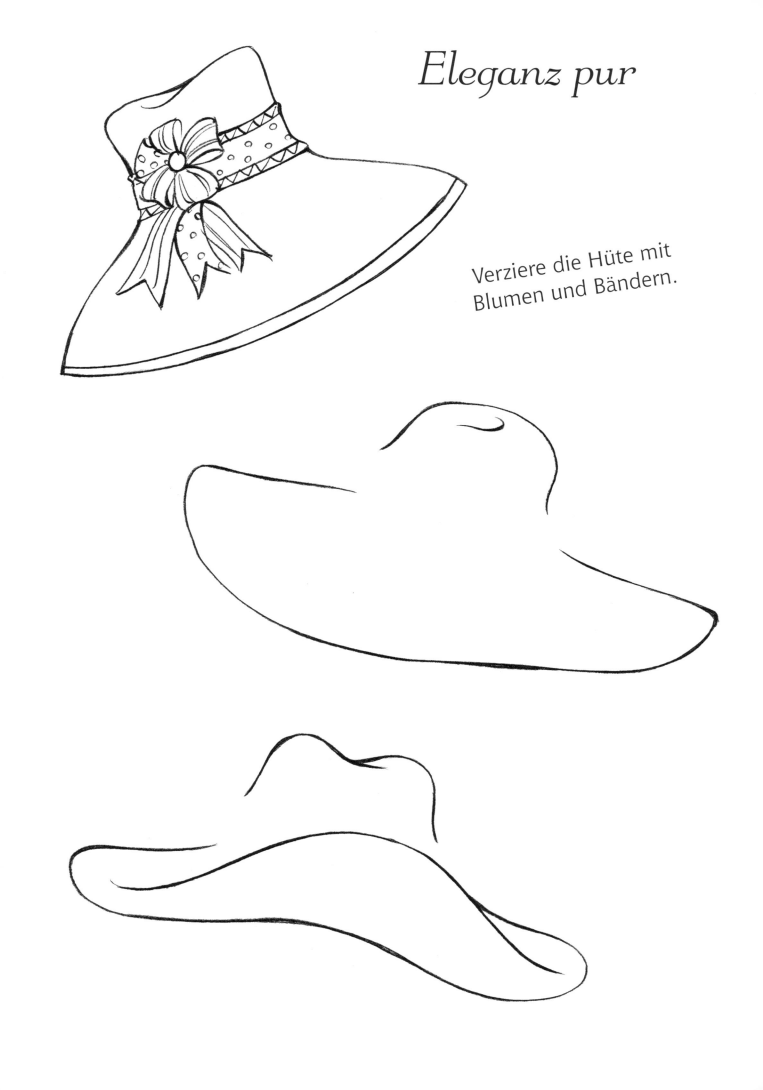

Eleganz pur

Verziere die Hüte mit Blumen und Bändern.

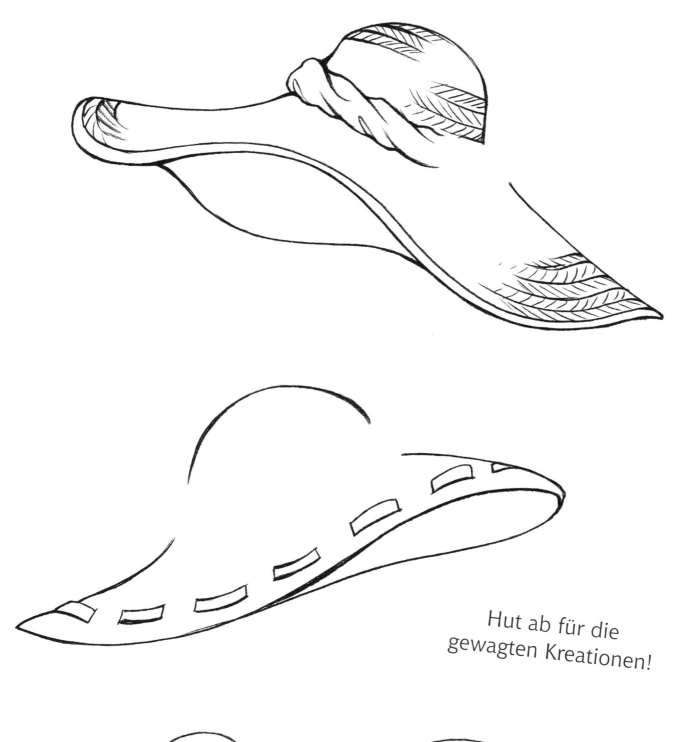

Hut ab für die gewagten Kreationen!

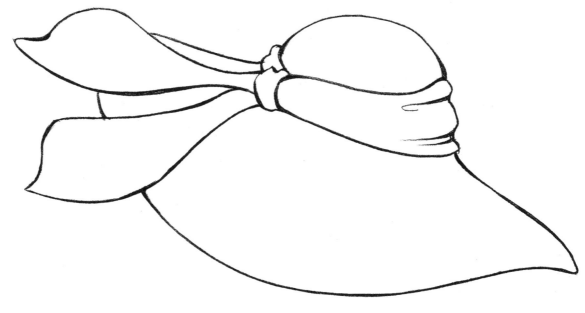

Diese Picknickdecke soll ein buntes Patchwork-Muster bekommen.

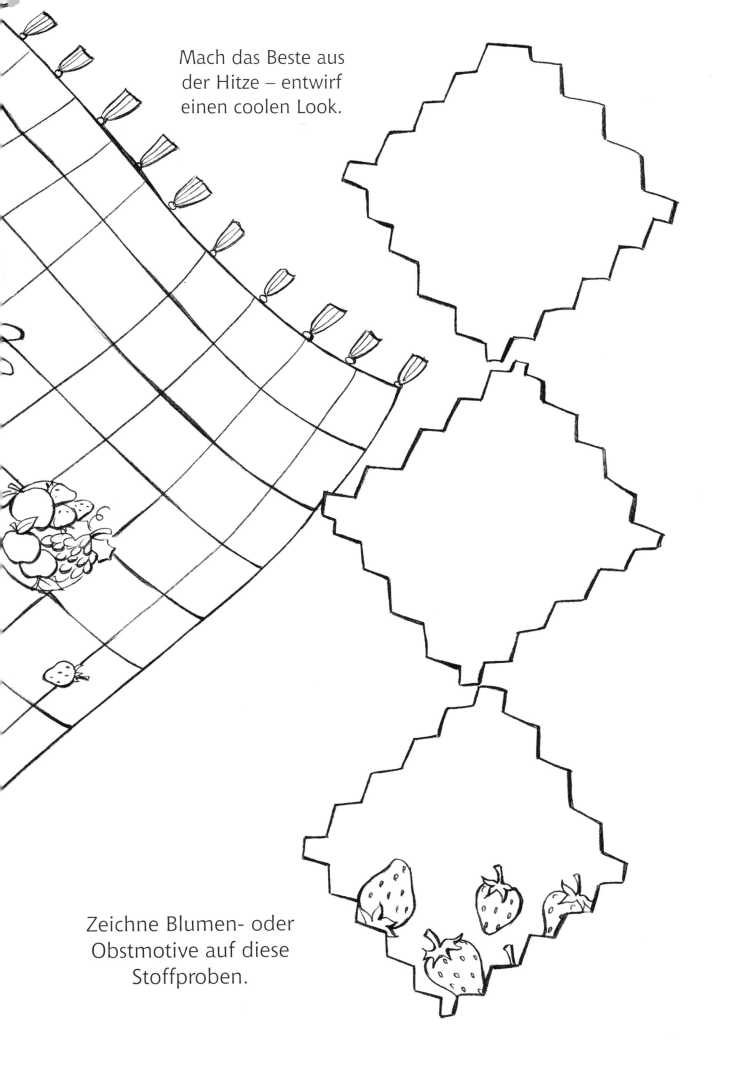

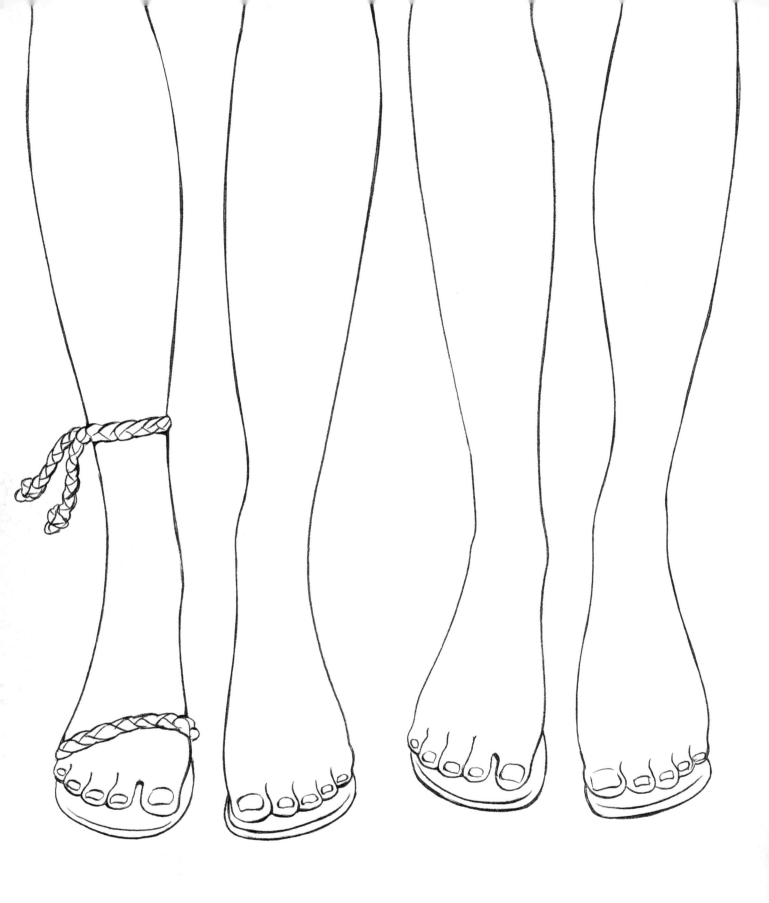

Frei und schick gebunden!

Lackiere den Models die Fußnägel schön bunt und zeichne ihnen hübsche Sandalen zum Schnüren.

Die Fashion Week

Modefans in der ersten Reihe

Was tragen diese modebewussten Frauen?

Gut behütet mit diesen eleganten Kreationen!

Füge Federn, Bänder, Knöpfe und Funkelsteine hinzu und erschaffe Hüte, die jeden vor Neid erblassen lassen.

Willkommen in der Glitzerwelt der Stars!

Romantisch & rätselhaft

Mit Federn und Rüschen gestaltest du schillernde Masken und umwerfende Abendkleider für den Kostümball.

Die Catwalk-Queens

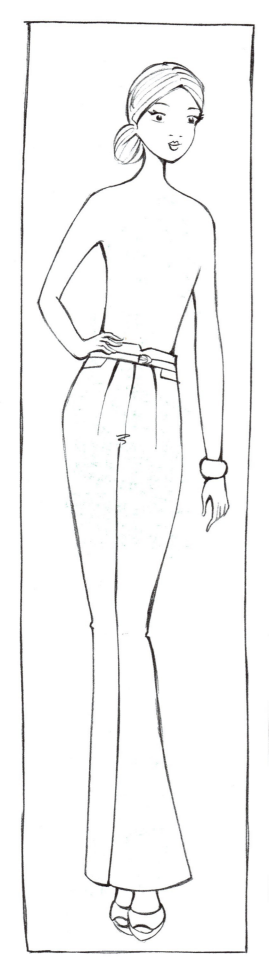
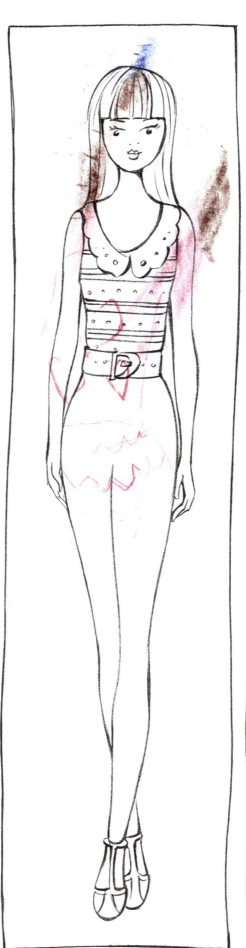
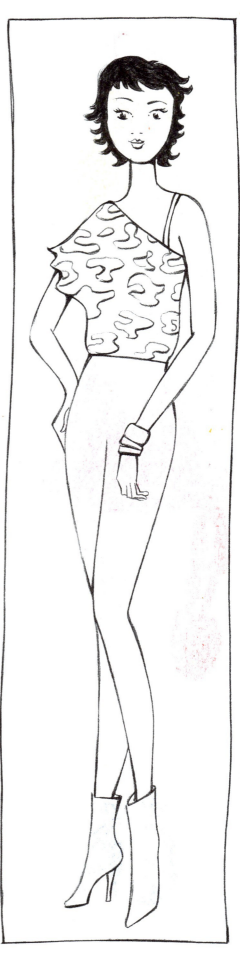

Zeichne die schönsten Fashion-Week-Outfits zu Ende.

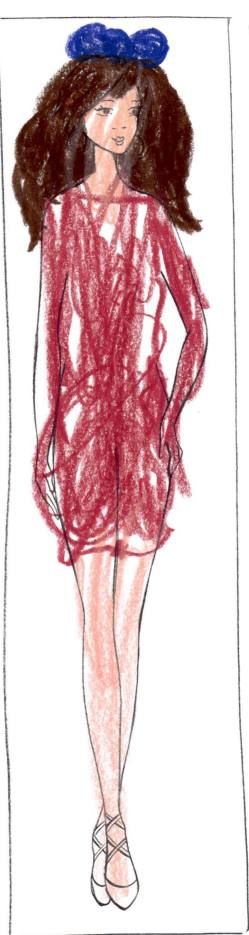

Die Prima-ballerina

Denk dir ein bühnenreifes Ballerina-Kostüm für das Finale der Modenschau aus.

Disco-Queen

Jeder spricht schon über die After-Show-Party – was wird die DJane wohl anziehen?

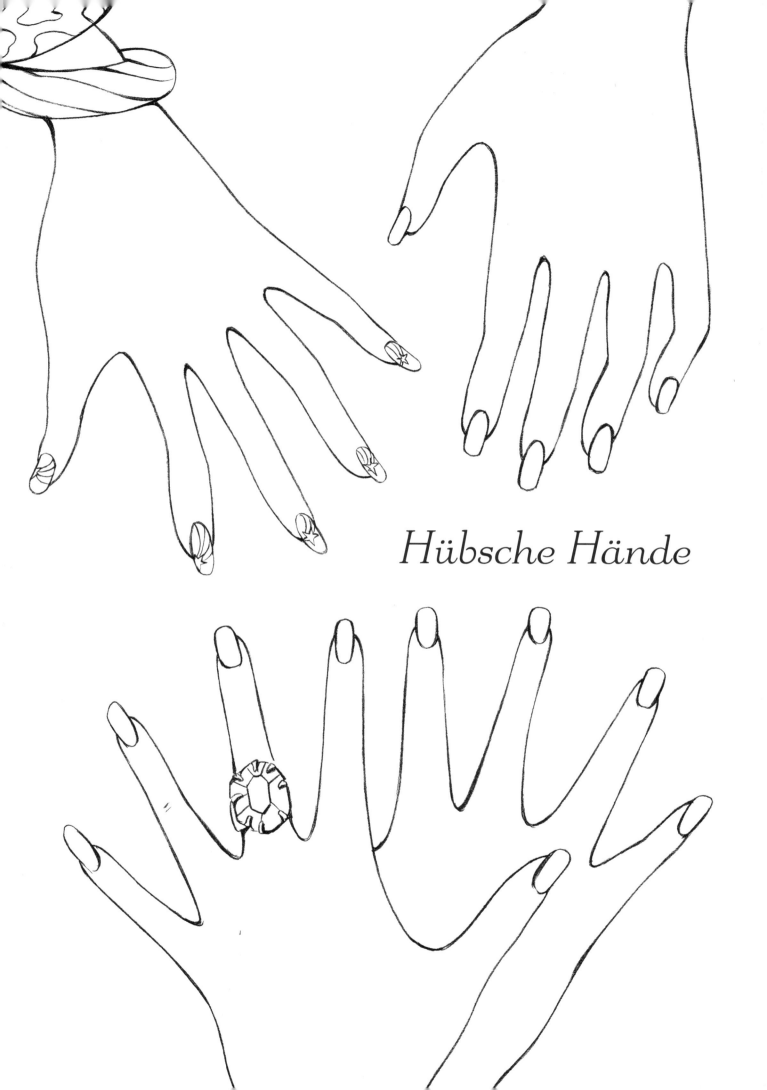

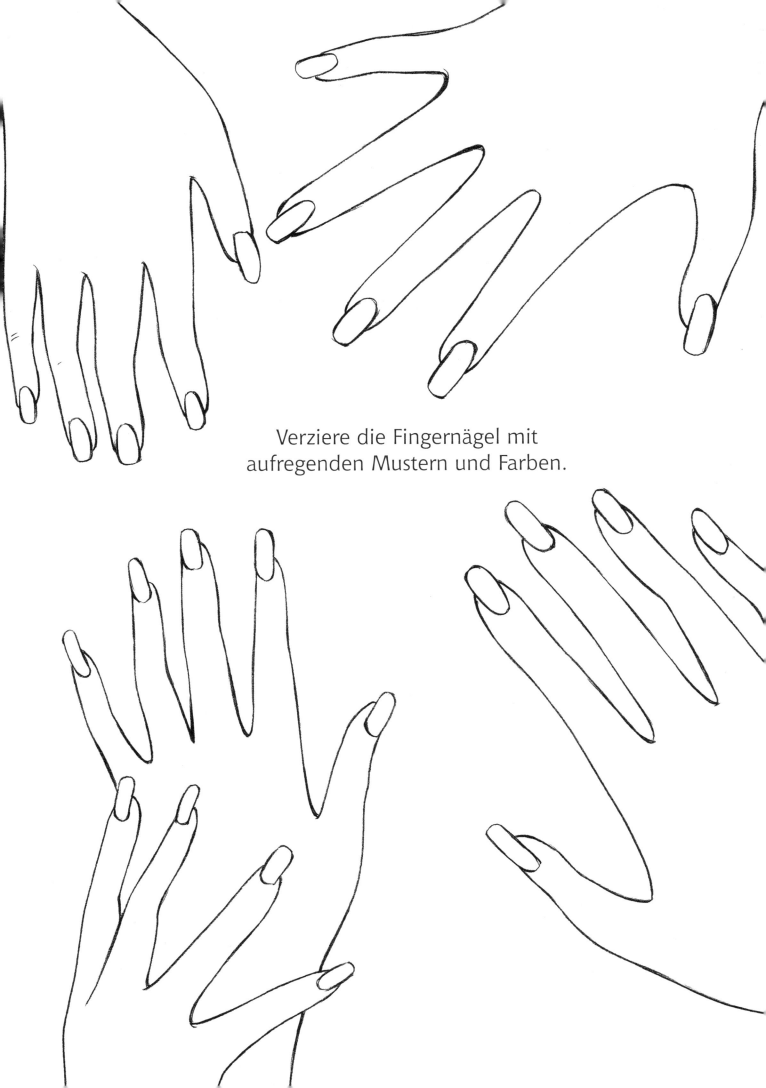

Verziere die Fingernägel mit aufregenden Mustern und Farben.

Nicht von dieser Welt!

Dieser futuristischen Mode fehlt noch der letzte Schliff – lass deiner Kreativität freien Lauf.

Sieh der Party ins Auge!

Zeichne dem Model ein Make-up, über das man noch Wochen sprechen wird.

Die Herbstmode

Wilde Kleider in Tierfell-Optik

Male Tupfen und Streifen für das gewisse Etwas dazu.

EIN ECHTER HINGUCKER:

Der Schuluniform-Look

Vervollständige die Outfits mit schicken Jacken, gestreiften Strickpullovern, Faltenröcken und Hosen mit Bügelfalten. Adrett & sportlich – das ist eine Klasse für sich.

EIN ECHTER HINGUCKER:
Steampunk-Mode

Kombiniere Korsetts, Unterröcke, Mieder, Netzhandschuhe und Zylinder mit Glasperlen, düsteren Farben und schweren Stiefeln zu einem richtig coolen Outfit.

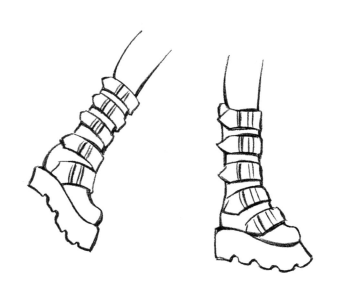

EIN ECHTER HINGUCKER:

Kommandantin der Mode-Truppe

Zeichne diese Outfits mit funkelnden Abzeichen und militärischer Strenge zu Ende – das ist ein Befehl!

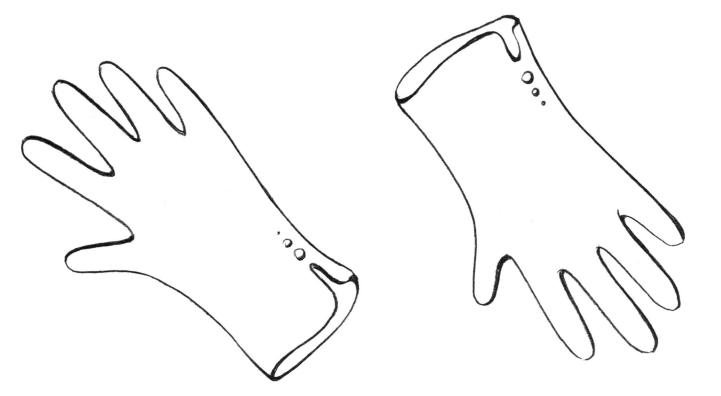

Fingerhandschuhe, Fäustlinge und Pulswärmer

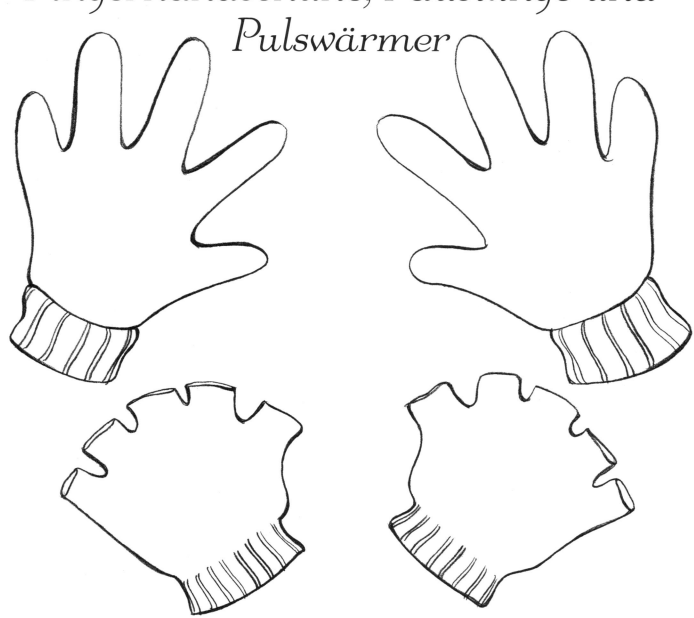

Verziere diese Handschuhe mit süßen Details.

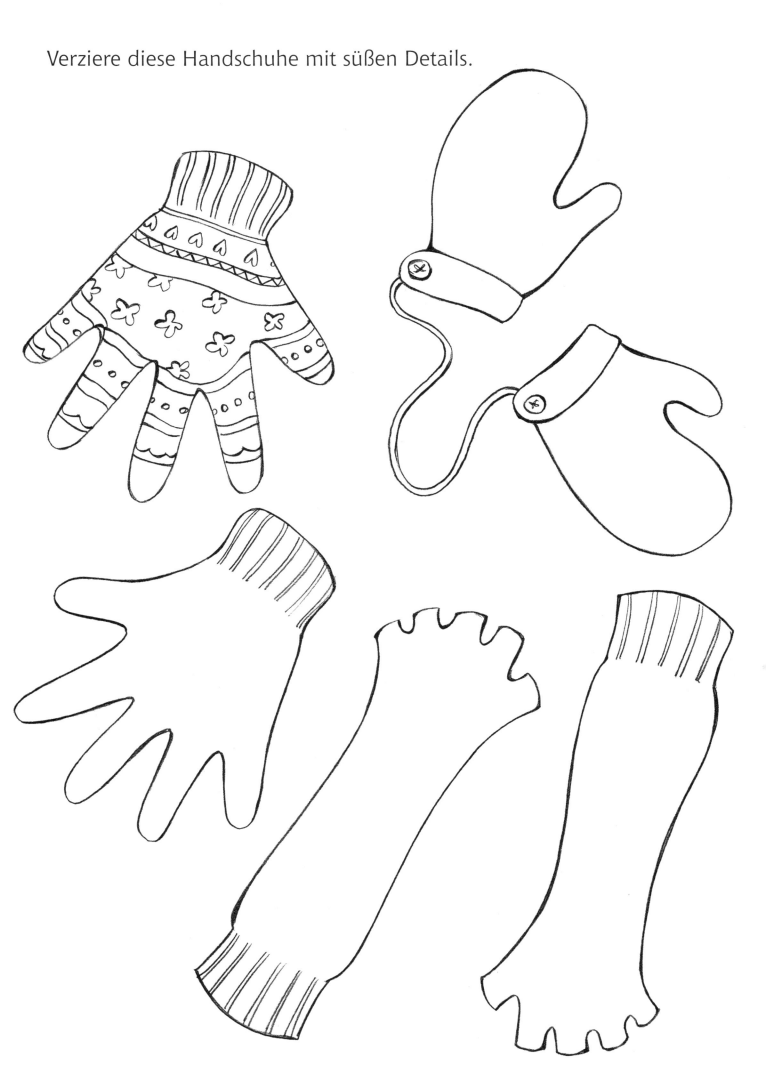

Denk dir fantasievolle Muster für diese Schlafanzüge und Nachthemden aus.

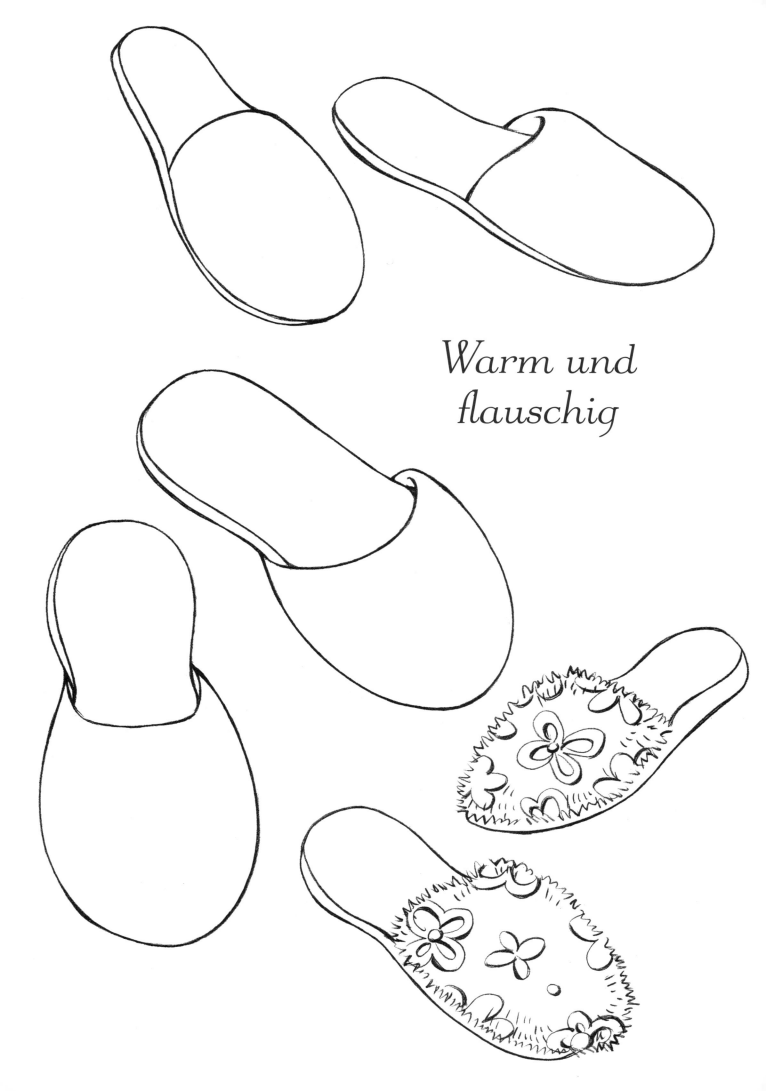

Schlüpf in gemütliche Klamotten und denk dir etwas Niedliches für diese Hausschuhe aus.

Im Park

Gestalte für die Hunde und ihre Frauchen Kleider, die zueinanderpassen.

Wir fliegen auf schöne Kleidung!

Mach diese Models bereit für den Abflug ins goldene Zeitalter der Luftfahrt.

Herrliche Hüte

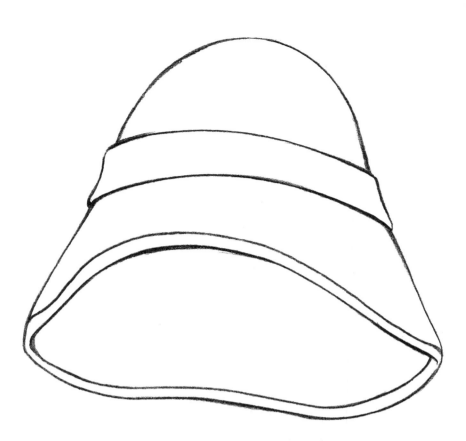

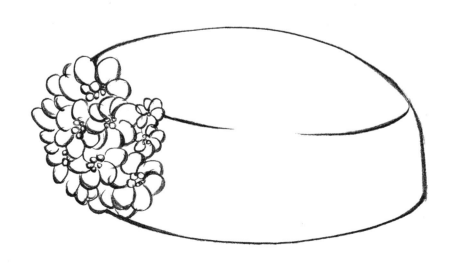

Sonne dich im Glanz vergangener Zeiten und peppe diese klassischen Hüte auf.

EIN ECHTER HINGUCKER:
Coole Capes

Verziere die Glockenhüte und coolen Capes mit großen Knöpfen und gewagten Mustern. Die Eleganz der 40er ist einfach ein Muss!

Zeichne diese zauberhaften Ballkleider zu Ende.

EIN ECHTER HINGUCKER:
Verrückt nach Mode

Noch ein bisschen Verzierung und diese Sixties-Kleider sind bereit, um in Mode-Magazinen zu glänzen. Oh, wie süß!

Denk dir ein eigenes Muster für eines der Kleider aus und zeichne es in das Kästchen.

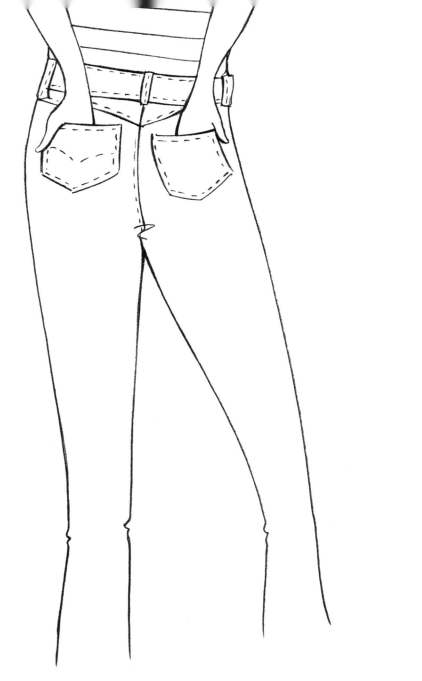
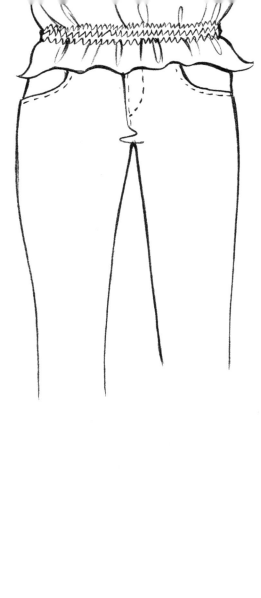

Schlag auf Schlag

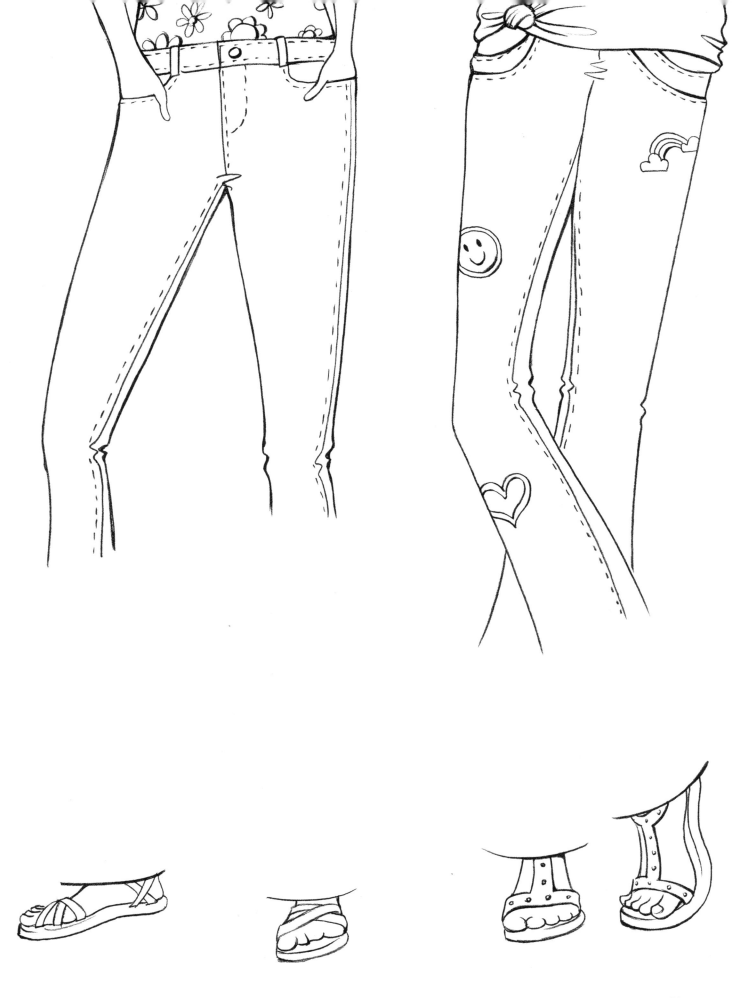

Verpasse diesen Hosen einen Schlag – und zwar so weit, wie du willst.
Vollende den Look mit verrückten Aufnähern.

EIN ECHTER HINGUCKER:
Maxi-Kleider

Diese extravaganten Röcke und Kleider freuen sich über hübsche Designs. Leg los und zeichne Blumen, Blätter, Kringel, Bögen und wild gemusterte Patchwork-Flicken.

EIN ECHTER HINGUCKER:
Perfekter Punk

Diese Models brauchen unbedingt mehr Risse, Nieten, Reißverschlüsse, Aufnäher und Anstecker. Und vergiss nicht die schweren Lederjacken. Es lebe der Punk!

Schrill, bunt, poppig – die 80er!

Vervollständige ihr Outfit mit Neonfarben und geometrischen Mustern.

Die Wintermode

Stolz auf Strick

Verschönere diese weiten Kuschelpullover und Wollstulpen – für kalte Wintertage und gemütliche Abende zu Hause.

Sensationelle Schlittschuhe

Dekoriere diese Schlittschuhe so, dass sie perfekt zu einer hübschen Eisprinzessin passen.

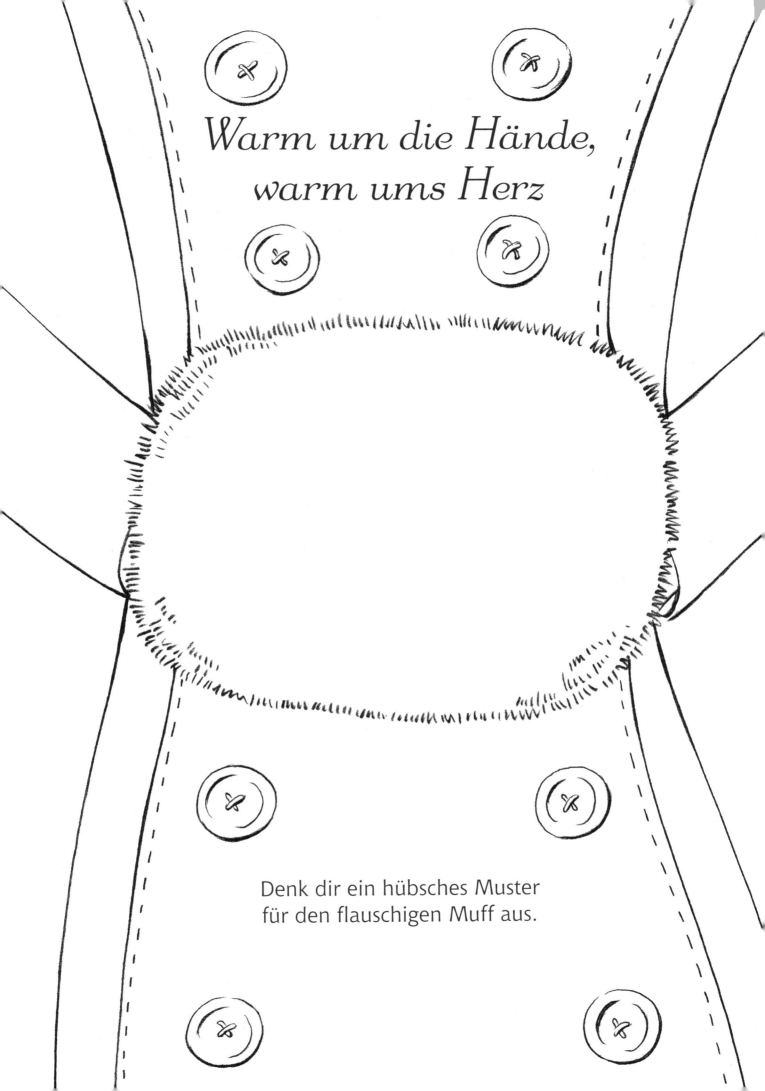

Abgefahrener Alpenrausch

Für die Après-Ski-Party hätten diese Mädchen gern coole Farbkombinationen.

EIN ECHTER HINGUCKER:
Hüttenzauber

Dieser skandinavischen Wintermode fehlt noch das gewisse Etwas. Verziere die Stricksachen mit Norwegermustern, Sternen und Herzen.

Fotoshooting im Schnee

Sorge dafür, dass diese Models auch auf der Piste eine gute Figur machen!

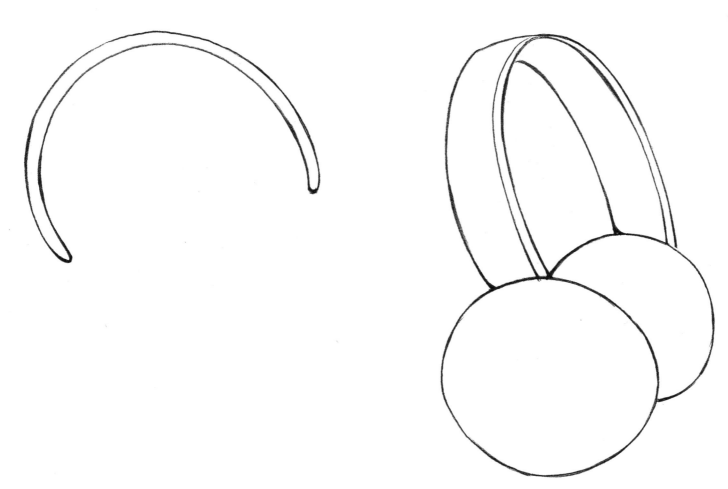

Ohrenschützer sind ein Muss

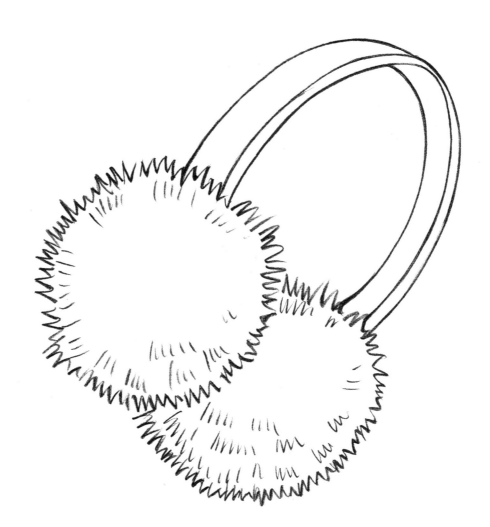

Denk dir ein Muster aus, das diesem Mantel das gewisse Etwas gibt, und zeichne es in das Kästchen.

EIN ECHTER HINGUCKER:
Die Rückkehr der Regenmäntel

Gestalte diese Mäntel, indem du ihrem klassischen Schnitt deine persönliche Note verleihst – mit hinreißenden Mustern und Motiven.

Schnellen Schrittes mit schicken Strümpfen

Entwirf eine ganze Kollektion hübsch gemusterter Strumpfhosen und Stulpen, damit diesen Winter niemand frieren muss.

Wer ist die Schönste im ganzen Land?

Zeichne die Kleider der Prominenten zu Ende – dann können sie sich auf dem roten Teppich zeigen.

Schnurstracks ins Schuhparadies

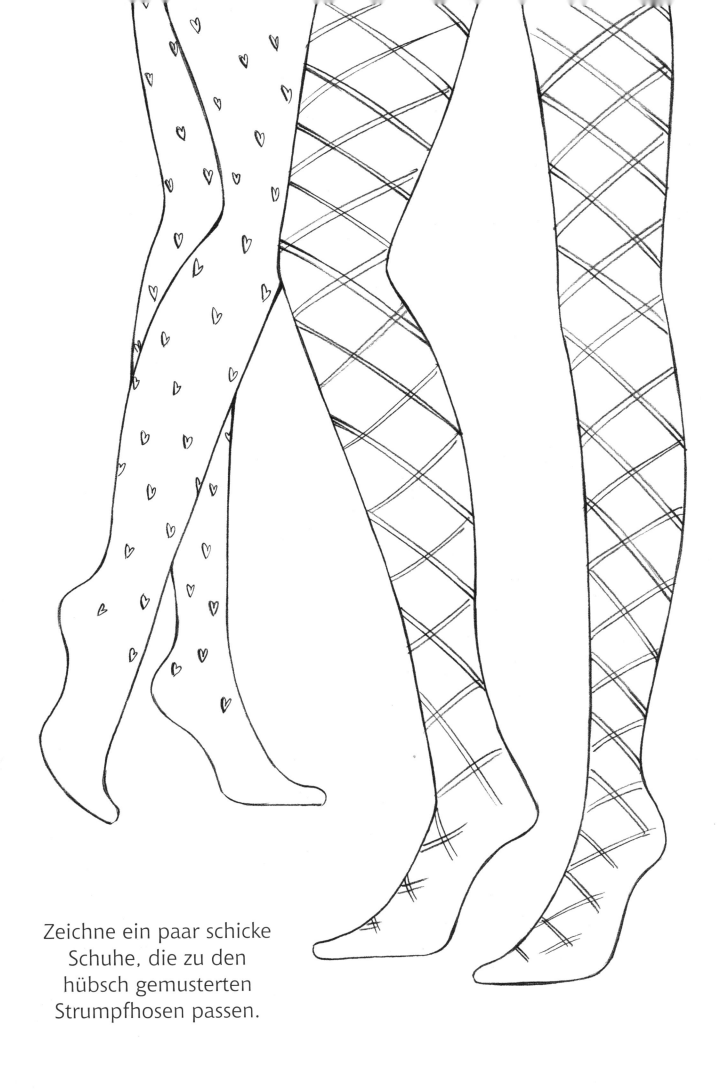

Zeichne ein paar schicke Schuhe, die zu den hübsch gemusterten Strumpfhosen passen.

Zeichne dem Sternchen ein Kleid, mit dem es allen anderen die Schau stiehlt.

Der große Auftritt

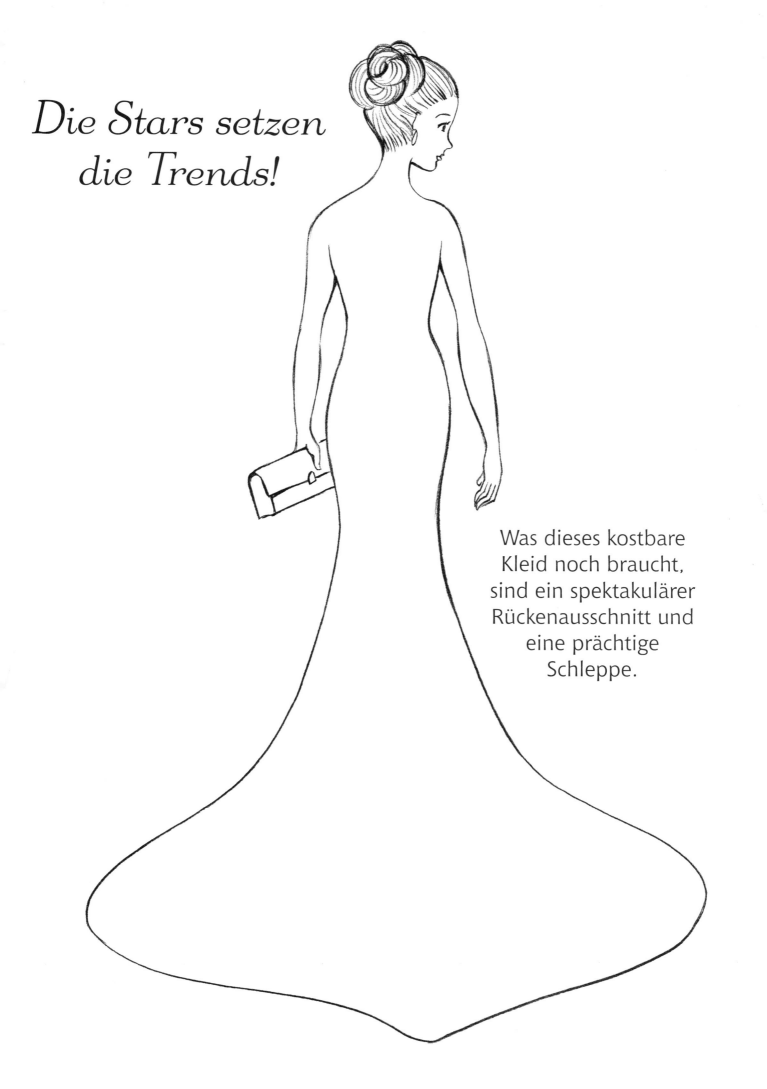

Die Stars setzen die Trends!

Was dieses kostbare Kleid noch braucht, sind ein spektakulärer Rückenausschnitt und eine prächtige Schleppe.

DER HINGUCKER:
Hollywood-Klassiker

Diese drei glamourösen Kleider prägten einst den Modestil ihrer Zeit – und zaubern uns in Hollywoods goldene Zeiten zurück. Bereit für die Filmpremiere?

Diese Kleider verdienen einen Oscar!

Diesen Abendkleidern fehlt noch etwas – und zwar mehrere Schichten des feinen Stoffes, der so tolle Falten wirft.

Einfach magisch, wie diese Designerkleider fallen!

EIN ECHTER HINGUCKER:

Elegant, die Herren!

Smarte Anzüge und charmante Schnitte machen jeden Mann zum Gentleman. Einfach erstaunlich und erstaunlich einfach!

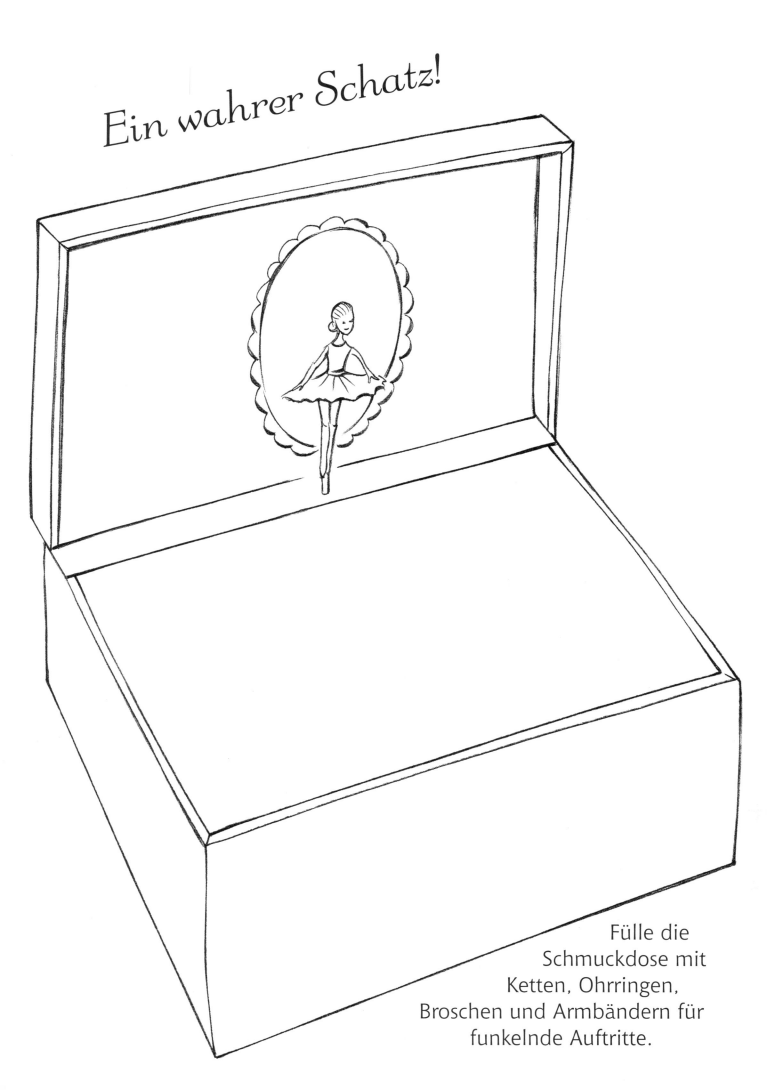

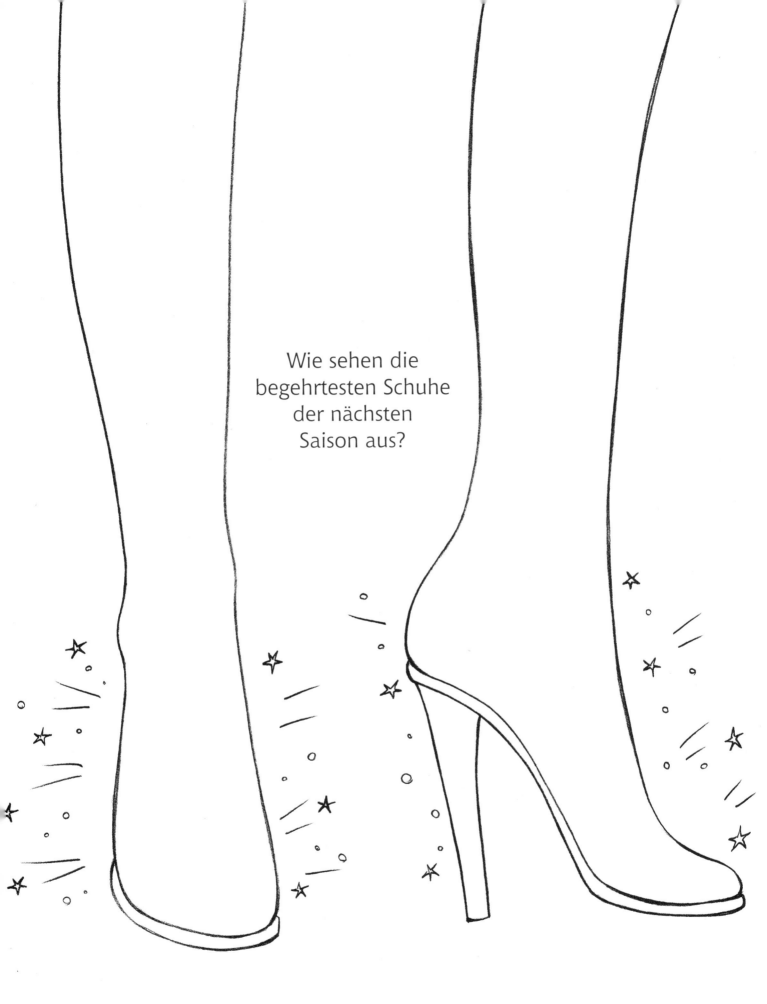

Wie sehen die begehrtesten Schuhe der nächsten Saison aus?

Diese Schuhe muss man lieben!

Rundum faszinierend!

Dieses Abendkleid braucht eine raffinierte Rückseite ...

… und eine verführerische Vorderseite!

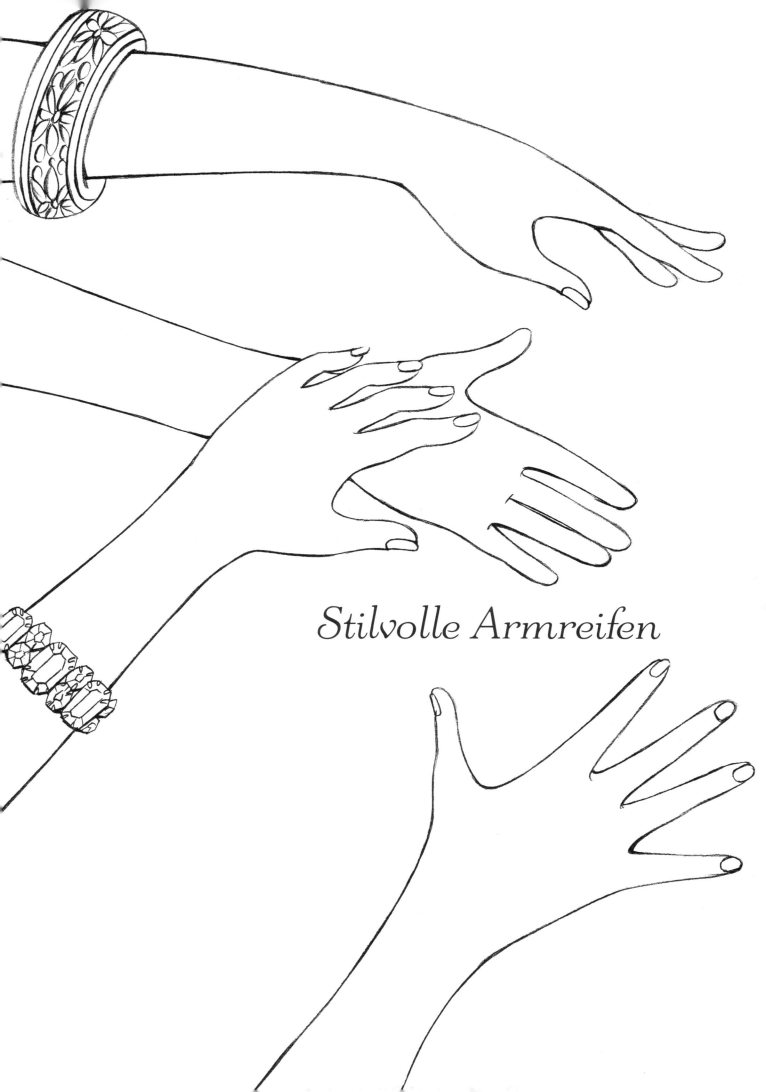

Stilvolle Armreifen

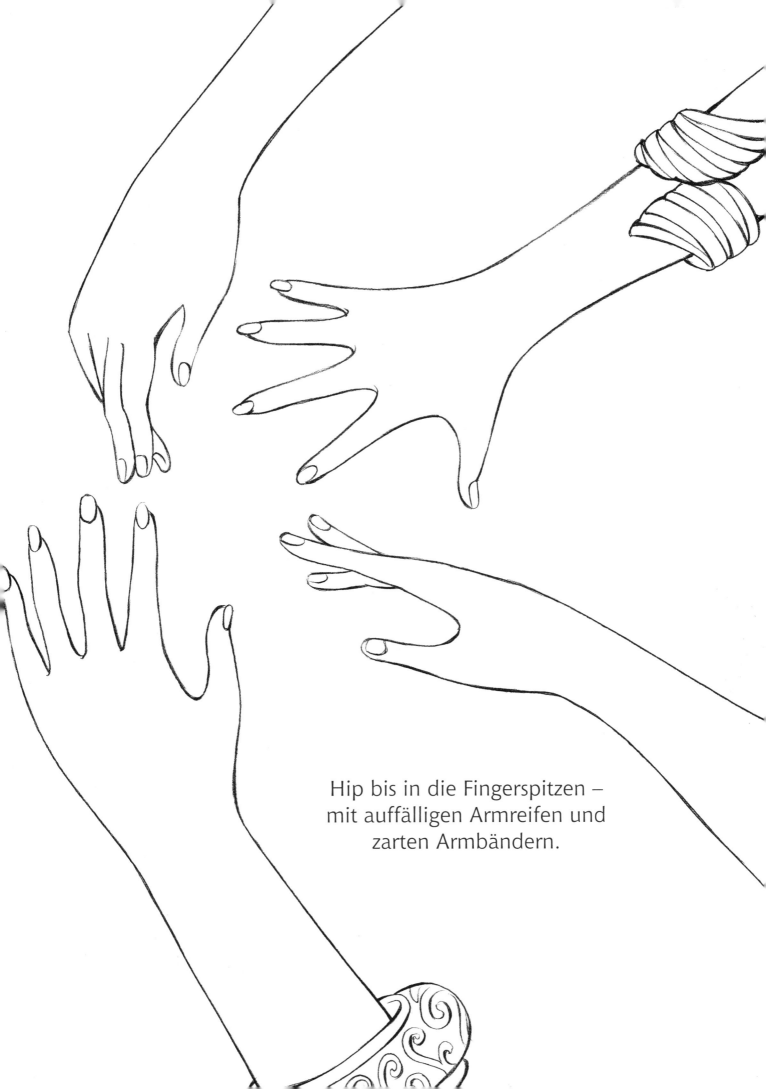
Hip bis in die Fingerspitzen – mit auffälligen Armreifen und zarten Armbändern.

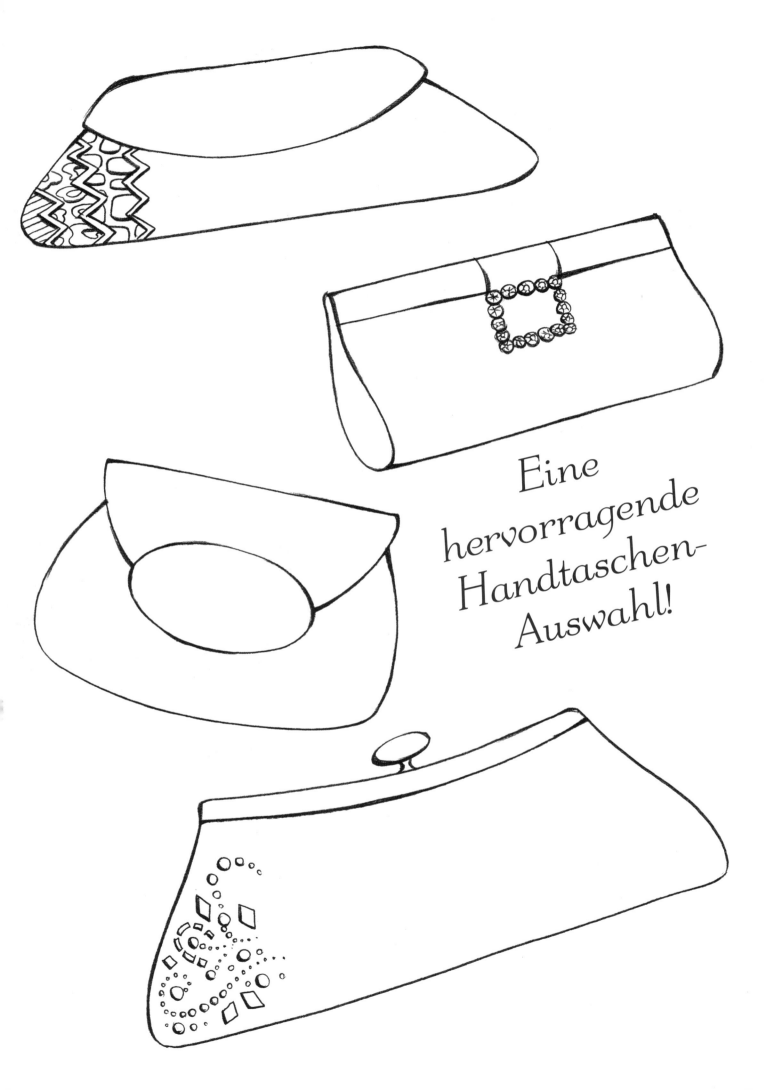

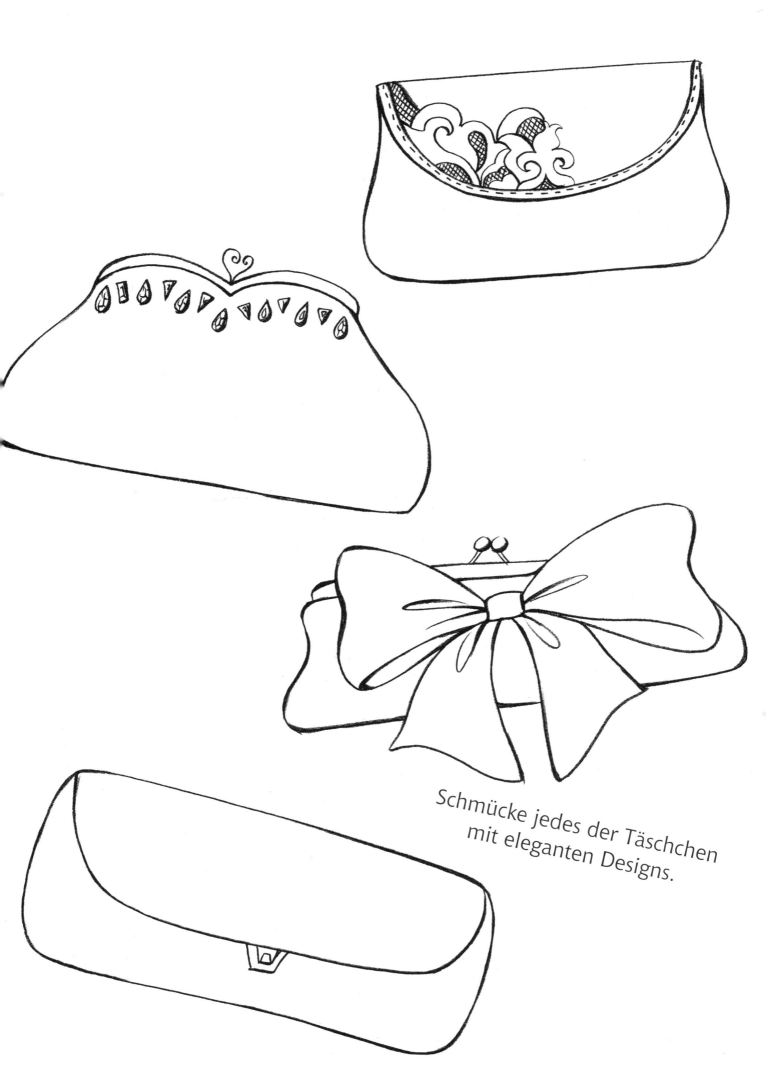

Gestalte eine schillernde Kette, nach der sich jeder umdreht.

Einfach bezaubernd!